아이러니 너

아이러니 너

초판 1쇄 인쇄 | 2019년 4월 29일
초판 1쇄 발행 | 2019년 5월 01일

지 은 이 | 이은희
펴 낸 이 | 박세희

펴 낸 곳 | (주)도서출판 등대지기
등록번호 | 제2013-000075호
등록일자 | 2013년 11월 27일

주 소 | (153-768) 서울시 가산디지털2로 98,
　　　　2동 1110호(가산동 롯데IT캐슬)
대표전화 | (02)853-2010
팩 스 | (02)857-9036
이 메 일 | sehee0505@hanmail.net

편집·디자인 | 박세원
ISBN 979-11-6066-033-3
ⓒ 아이러니 너 2019, Printed in Seoul, Korea
　값 10,000원

• 이 책의 저작권은 저자와 출판사에 있습니다.
　저자 허락과 출판사 동의 없이 내용의 일부를 인용, 발췌를 금합니다.

이은희 시집

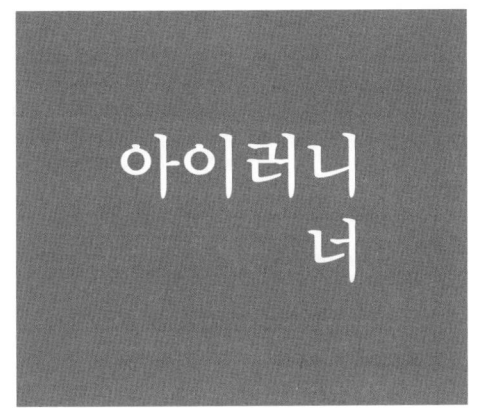
아이러니
너

등대지기

| 시인의 말

초등학교 3학년 어느 봄날 아침, 준비물 대신 靑馬 유치환 시인의 「행복」이 적힌 연습장 한권을 사버리고 담임 선생님께 혼이 났었다. 여고시절 필통에 윤동주 시인의 사진을 붙여서 다니던 추억을 아직도 자랑스럽게 여기며 살고 있다.
아마도 그 시절이 있었기에 오래도록 시를 사랑하며 살 수 있었으리라. 얼마나 오랜 시간 시를 사랑했고, 또 사랑했고, 사랑했고…
내게 무엇이 남을까 생각하니 여전히 詩가 있다. 더 넓은 시의 세계로 여행을 떠날 수 있기를 이제 다시 소망한다.
모든 것이 찬란히 빛나서 아름다울 그 詩의 봄날을 기대하며…

산본중앙도서관 문창실에서
이은희

| 차례

■ 시인의 말 · 05

제1부

어렵게 씌어진 시 · 15
詩人 · 16
난해시에 대한 소감 · 17
기도 · 18
시인이란 이름으로 · 20
바람향 자유를 꿈꾸며 · 21
☆이 된 아이들 · 22
함께 웃을 수 있을 윤동주를 만날 때까지 · 24
서대문형무소에서 · 25
무등산 · 26
모호한 오후 · 27
두렵고 떨려서 · 28
닮고 싶다 · 29
울타리가 되어주소서 · 30
주님 손, 바람 되어 · 32
미역의 꿈 · 33

제2부

그대 · 37

햇살이 너무 눈부신 때 이른 스키장에서 · 38

'어미'라는 이름 · 40

슈거 홀릭 · 42

설레는 행복 · 44

작은 사람 · 45

모정 · 46

삶의 이유 · 48

약손 · 49

모성애 · 50

때론 "안 돼!" 하더라도…… · 51

나의 어머니 · 52

아버지께 · 54

늙은 햄스터의 죽음을 보며 · 56

외로운 수족관 속 주검 · 58

때론 힘들더라도…… · 60

제3부

우울증 · 63

우울증 퇴치법 · 64

어쩜, 우리는 · 65

나이를 먹더라도 · 66

2015, 시간지갑 · 68

회고담 · 70

너와 나의 시간이 흘러간다 · 72

과유불급 · 73

바람은 · 74

초보운전 · 76

화무십일홍 · 78

지나버린 것은 아무것도 날 슬프게 할 수 없다 · 80

안개 깊은 밤 · 82

청하 · 83

금독 · 84

아이러니 너 · 85

용서합니다 · 86

인생 잔고 · 88

제4부

봄의 문턱에서 · 91

봄밤 · 92

또 그렇게 봄날은 간다 · 94

여름, 외가의 추억 · 96

여름, 기억의 절편 · 98

가을, 그 속삭임 · 100

블러드 문 · 102

가을비 · 103

잘 익은 가을 · 104

가을 명상 · 105

그믐달 · 106

사파이어 · 107

저녁, 버스에서 · 108

흰 눈 · 110

밤이 좋은 이유 · 111

제5부

초승달 · 115
바람과 닮은 너 · 116
꺼삐따노 · 118
왕따 아닌 전따 · 120
반월호수에서 · 122
해방 · 124
잠들지 않는 밤 버스정류소 · 126
순수 · 128
신통방통 · 129
불꽃놀이 · 130
소망 · 132
모든 지나버린 것은 · 134

■ 해설 · 136

제1부

어렵게 씌어진 시

마음이 어수선하여
시가 되지 못하고

생각이 많아서
시가 되지 못하고

내 안에 갇혀버린
시가 되지 못한 언어들이 아프다

생각이 너무 많으면
말이 되지 못하고
결국은 시도 되지 못한다.

詩人
-「쉽게 씌어진 시」를 감상한 후

천 년 전에도 그는 그러했습니다
누구보다 정직하고자
누구보다 슬펐습니다

지금도 그는 그러합니다
어느 누가 그를 손가락질하겠습니까?

그는 진실한 것을……

천 년이 흘러도 그는 그러할 것입니다
누구보다 슬픔을 담은 눈
그렇지만, 누구보다 진실한 저 눈동자

천 년의 슬픔을 마시고 또 마셔보았지만
그는 저 눈을 버리지 못합니다
그는 분명
시인이 그의 천명임을
알기 때문입니다.

난해시에 대한 소감

머리에 쥐날 것 같은 고통
그 난해함은 누구를 위한 창조물이었을까?
알아들을 수 없는 미지의 방언 같은 언어들이
쏟아진 채 뭉쳐 있는 종이들

추세가 그렇다지만
유행을 따른다지만

어찌 그들의 머릿속 언어들은 한결같은
힌트조차 없는 암호들의 나열인 걸까?

누구를 위해 그들은
시를 쓰는 걸까?

기도

지갑이 비었어도
다른 이에게 행복과 기쁨
선물할 수 있다면

나는 내 안에 있는 것을 말로 너무 비워버린 것 같다
나를 벗어난 그 말들은
나에게 텅 빈 공허와
죄의식만을 줄 뿐인데…….

나는 시인 윤동주처럼 살기 위해 다시 노력하자
영혼의 순수함을 좇고
거만하지도 교만하지도 어정쩡히 난체하지도 말며

순결하게 순수하게 한 줄기 바람처럼 살자
한 줄 시를 쓰기 위해 고민하는

누구도 모함하지 말고
그러나 지혜로워서 모함에 걸려드는 어리석음
도 범하지 않는

그런 사람이 되게 해달라고
오늘도
간절히 빌어보자.

시인이란 이름으로

시인이라는 이름으로
얼마나 많은 허세를 부렸을까?
하루 한 줄 시를 쓰는 것도 아니면서

사랑이라는 이름으로
얼마나 많이 가슴앓이를 했던가?
한 자락 지친 마음도 위로하지 못하면서

시인이라는 이름으로
얼마나 많이 돌아볼 수 있었나?
세상을 바로 보고 비판할 줄 모르면서

한 줄 제대로 된 시조차 쓰지 못하면서
얼마나 착각 속에 살았던가?
나는……

바람향 자유를 꿈꾸며

머무르고 싶을 땐 머물었다가
떠나고 싶을 땐 언제라도 떠날 수 있는
아마도 향이 있다면 하늘향이었을 바람

어두운 창가엔 그 바람만 자유로이 분다
이 밤, 마음이 서글픔은
그대 곁에 있지 않아서가 아니요
내 마음 자유롭고 싶은 까닭이다.

☆이 된 아이들

내 나이 열여덟엔
날마다 시를 썼더랬지
단짝과 함께 나눈 『데미안』이
나를 설레게 했던 그 시절!

그런 꽃다울 열여덟 아름다운 너희들은
그 차갑고 깊은 바다 속에서
그것이 마지막이 될 거라곤 생각도 못하며
그렇게 ☆이 되고 말았겠지

"내 나이 스무 살엔 캠퍼스를 거닐며,
 멋진 누군가를 만나 뜨겁게 사랑도 해야지"

그렇게 꿈을 꿨던 열여덟 너도 있었을 테지
부푼 가슴으로 제주도 수학여행 길에 오르며
엄마, 아빠께 드린 "잘 다녀오겠습니다."
평범한 그 인사가 마지막 영원의 인사가 될 줄은
몰랐을 테지

그렇게 차갑고 깊은 바다 속에 가라앉아가면서도
마지막 숨을 쉬는 순간까지
살려줄 누군가를 기다리며
부모의 가슴 속에 ☆이 되어버린
열여덟 너희들을
우리가 어떻게 잊을 수 있겠니?

함께 웃을 수 있을 윤동주를 만날 때까지

한 번도 자신의 별을 갖지 못했던 그를
한 번도 자신의 별에서 웃을 수 없었던 그를
한 순간도 자신의 별에 발 디딜 수 없던 그를
정말로 잊을 수가 없어서

한 번도 만난 적 없는 그를
한 번도 얘기해본 적 없는 그를
단 한 번도 나와 함께 웃어본 적 없는 그를
정말로, 정말로 잊을 수가 없어서

그가 그렇게 바라던
그와 나의 별에 봄이 온 지 오래이건만
아직도, 아직도
가슴이 저며 옵니다.

서대문형무소에서

일제의 칼날에 항거했던
독재의 군홧발 아래 굴복하지 않았던
민중의 자유를 위해 피 흘렸던
그들이 머물렀던 초라하고 허름한
그곳
몇 백 년 만의 폭염이라던 올 여름
8월 광복절을 며칠 앞둔
이날
가슴에 불덩이 하나를 품고
다녀왔다.

무등산

녹색의 산자락에
천하를 감싸고
떠오는 태양 친구 삼아
석양 노을 벗 삼아
굽어보는 빛고을을
애지중지 사랑하여
빛고을의 찢긴 상처
녹색 자락으로 감싸고
그 슬픔 너무 커도 표현 못하여
그 슬픔, 별이 알고 달래려 머무는 곳

그곳
무등산

모호한 오후

조용함이 이상하리만치 적막한 오후
밖은 봄꽃의 반란으로 아우성이건만
이 공간은 살해된 듯 고요하다

여린 발바닥을 뚫어버린 압정 같은 순들
창부의 입술에 흐르던 요염함이 묻은 진달래와
찬란하게 피 튀긴 전투의 승기를 든 고개 빳빳한 철쭉도
가지가지 노란 소식을 달고 동네 어귀를 밝히는 개나리
하늘하늘 간드러지게 바람에 맨몸을 맡기며 나부껴오는 벚꽃도
창밖의 세상에선 모두 칼라 재생 중인데

참으로 희한한 오후
환절기 감기약 속 몽롱한 기운 탓인지
흑백에 깃든 적막은
이상야릇한 혼돈을 주고 있다.

두렵고 떨려서

얄미운 누군가의 발병 소식에도
웃을 수 없었다

세상 살아가는 순리를
살아온 세월만큼 알아버린 건지
두렵고 떨림으로 하루하루 이루어 가는 것이
곧 삶이기에

아무리 얄미운 누군가의 불행도
이제는 결코 쓴 웃음조차 짓지 못함은
나의 삶도 누군가에게
얄미울 수 있기에

그분 앞에
내 모습 너무 부족하기에
모든 하루하루가
그저 '두렵고 떨림으로 만들어갈'
인생이기에

닮고 싶다

이른 새벽 남모르게
내려앉은 눈처럼
수줍은 마음 한 자락
간직하고 싶다

세파에 시달려
얼굴엔 움푹 팬 주름 있더라도
마음엔 어린 날 처음 품은
초록 꿈 한 움큼
절대로 내놓지 않고
살고 싶다

사랑하는 마음
온유한 마음
화평케 하는 마음으로
가진 모든 것 아낌없이 주신
그분 마음 조금이라도
닮고 싶다.

울타리가 되어주소서

주여
내 보물들은
무엇이 될까요?

잔잔한 미풍에도 뒷산 초록의
나뭇잎들은 하염없이 흔들리고
아직은 여름의 끝자락
어디선가 숨어서 애타게 울어대는
매미의 울음 사이로

주여
오늘 문득 알 수 없이 흔들리는
이 마음 한 자락이 슬퍼집니다

 육신의 연약으로 유난히 길게만 느껴지던 8월도 끝이 나고
 아무것도 적히지 않은 깨끗한 9월의 달력을 펼치며

주여,
제게 주신 보물 둘
살아가는 순간마다
불어올 잔잔한 미풍에도
혹은 거센 태풍에도
한결같은 울타리가 되어주소서.

주님 손, 바람 되어

바람이 이끄는 대로
그저 그렇게 몸을 맡기는 저 나무들
여리고 얇은 잎일수록
더 많이 순응하듯
바람에 제 몸을 맡긴다

세찬 바람이 불어와도
잎은 바람 따라 이리저리 하늘거릴지언정
줄기는 기둥처럼 요동 않고
꿋꿋이 제 몸을 지탱한다

아직 여린 잎사귀
한없이 볼품없는
내 모습일지언정

주님 손, 바람 되어
어루만지시는 그곳으로
그렇게 하늘거리는
나무 되고 싶어라.

미역의 꿈

망망대해 푸른 바다
깊은 그곳에서
너는 머리를 풀어헤치고
행복한 꿈을 꾸었으리라

찬란한 빛
깊은 그곳의 틈새까지
골고루 비춰줄 때면
너는 어떤 따사로운 꿈을 꾸었을까?

커다란 양은 대야
가득 찬 초록 머릿결
흐르는 물결로 어루만지면
하늘하늘 부끄러워 흔들리는 몸짓에
나도 모르게 부드러운 미소가 어린다.

제2부

그대

그대 나에게
항시 맑은 하늘입니다
나 그대에게
항시 새 하얀 구름입니다
그대 위에 떠가는
하얀 돛단배
그대라는 강물 타고
그대라는 향기에 젖어

오늘도 나, 그대 타고
맑은 하루 여행 떠납니다.

햇살이 너무 눈부신 때 이른 스키장에서

용평스키장 2층 커피숍
〈A TWOSOME PLACE〉
창가에 앉아
카페모카 한 잔을 시켜 놓고

창 밖,
나뭇가지엔 눈 대신
빛도 다 바래버린 마른 잎사귀들이
생에 미련을 버리지 못한 채로
매달려 있다

하얀 인공설원 속에서
사람들은 그저
첫눈을 맞는 어린아이마냥
스키와 보드에 푹 빠져 있고

눈이 내려줬음 더 좋았을 것 같은
나른한 오후,

비탈진 넓은 설원 어디쯤에 있을
사랑하는 세 남자를 찾는다
예찬은 GREEN
민종은 GREY
남편은 BLUE

하필 햇살이 너무 눈부신 이런 날
제대로 눈을 뜰 수도 없는데
하얀 인공설원 속
세 점을 찾는 일은
참, 쉽지만은 않다

눈꺼풀에
무게가 느껴진다.

'어미'라는 이름

거실에 누워 잠든
나의 두 아들

이제는 제법 커서
엄마의 손길이 귀찮을까 했던 큰아들
갑자기 "엄마! 엄마!" 나를 부른다
"왜 그래?" 물으니
"무서워서"
"엄마가 여기 있는데 뭐가 무섭니?" 말하긴 했지만
세상에 엄마가 없다면?
갑자기 잠에서 깬 아이에게 삶은 얼마나 무서움으로 다가왔을까

형 옆에 누워 잠든
여섯 살배기 작은 아들
이마가 아프고, 무릎이 아프다고 울먹였는데
약을 먹여 재웠지만

작은 기침, 숨소리 하나에도
나는 자꾸 가슴이 뛴다
아직은 밤도 깊지 않은데 깊은 밤, 그리고 새벽까지 잘 견딜 수 있을까?
어미는 지금 전전긍긍 하나님께 간절히 기도를 올린다
"오늘 밤, 저 어린 것이 아프지 않게 무사히 잘 견디어 내기를 도우소서!"

아마도 어미는
저 아들들이 어른이 되고
또 저만한 아이들을 기르며 키울 때까지도
여전히 가슴을 쓸어내리며 살아갈 것이다
그것이 '어미'의 숙명임을 느끼며……

슈거 홀릭

"마이쮸" "마이쮸"
노래를 부르는
작은 아들 예찬
요즘 부쩍
달콤한 사탕이랑
젤리만 찾는다

곰곰 생각해보니
사랑이 고팠던 게 아닐까?
세 살부터 어린이집 사회에 적응하려
늘 스트레스가 있던 건 아니었을까?
혹 그 스트레스가 우울하게 해서
'마이쮸' 노래를 부르게 한 건 아닐까?

설탕 중독 아니, 지금
내 아들 예찬이는
사랑 결핍이 아닐까?
어리석은 어미, 모자란 어미

부족한 사랑이 고파
달콤한 유혹에 빠져버린 건 아닐까?

설레는 행복

갑자기 매워진 바람
예고 없이 내렸던 첫눈
홀연히 찾아드는 설렘

같은 시간을 살아왔다는 것
같은 마음으로 바라본다는 것

그대의 시간 속에
내가 있다는 것과
나의 시간 속에
그대가 살 수 있다는 것은
참 설레는 행복입니다.

작은 사람

언니 집서 얻어온 흰 고무신
작고 귀여운 그 고무신이
내 아들에겐 아직도 크다

만 3년하고 3개월이면
다른 짐승들은 새끼도 낳았을 세월이건만
나의 아들은 여전히 작은 아이다

아들을 보고 있노라면
'그분은 왜 자신을 가장 많이 닮은 인간을
 이리도 오랜 시간 나약하고 보호받게 만드신
걸까?'

하지만
그런 의문도 잠시
내가 아들에게 인내하듯
그분도 사랑으로 인간을
두고두고 성숙시키시리라.

모정

깊은 밤
한 여자가 오열하며
거리를 헤맨다

그녀는 무슨 까닭일까?

"어허– 어허– 허허" 온 동네로 퍼지는
광녀 같은 그녀의 울음소리를
깊은 밤은 더욱 또렷하게 전한다

'한때 청춘의 애끓는 사랑으로
심장이 터질 듯 아팠던 때도 있었지'
하지만 그녀,
분명 한 남자 때문에 우는 울음은 아니리라

자식을 낳고 잃어본 어미
피 같은 그 자식 앞에
사랑 같은 것은 허접스런 종잇장에 불과함을

알기에……

  깊은 밤
  그녀를 저렇게
  오열하며 헤매게 하는 것은
  오로지 그것뿐일 게다.

삶의 이유

자식을 잃은 어미 맘
이 맘이 이리도 아픈데

핏덩이로 태어나 어미를 잃은 아이 맘
그 맘은 얼마나 시릴까?

낳아준 어미에게 버림받은 아이
그 아이 가슴엔
얼마나 큰 구멍이 났을까?

지지리 못난 이 몸이라도
살아야 할 단 하나의 이유,
이생에 남은 내 아들 둘 때문이리라.

약손

고사리 손 움직이는 곳마다
아팠던 통증이 잠시나마 사라진다

자꾸만 '아프다, 아프다' 하는
엄마 말 허투루 듣지 않고
작은 손 정성스레
바삐 움직이고

고사리 작은 손
엄마에겐
의사 선생님 큰 손보다
약손이구나.

모성애

점점 말라붙는 젖가슴
콸콸 솟구치던 하얀 줄기가
찾아주지 않는 주인을 슬퍼하며 타들어간다
사랑하는 분신에게
젖을 물리지 못하는 슬픔

시간이 되면 아려오던 느낌도
이제는 신호조차 보내지 않고
힘주어 짜보아도 하얀 것은 비치지 않네
깡 말라버린 젖꼭지엔 새끼를 향한 가슴 저린
안타까움만 남았네.

때론 "안 돼!" 하더라도……

자꾸 들어주지 않는 요구 탓이었을까?
항상 너무 빨리 포기해버리는 너
우겨본 적도 거의 없었지
어쩌면 매번 들어주지 않는
나의 안일한 이기심에
모든 것을 쉬이 포기하는 아이가
되어버린 걸까?

매번 해달라고 떼쓰며 졸라대는
작은 녀석과 달리
늘 포기가 쉬운 너를 보며
무너져 내리는 어미 마음

때론 "안 돼!" 하더라도
끝까지 해달라고 졸라볼 순 없었니?
늘 마음 한 칸에 안쓰러움으로 남은
내 보물 1호야!

나의 어머니

낳으면 딸, 낳으면 딸
'아들'이란 소리 한 번
못 들은 것
한恨이시라던 나의 어머니

넉넉잖은 가정
한량 같은 아버지 만나
십 원 한 장 허투루 쓴 적 없이
아끼고 또 아끼며 사셨던 분

스물셋,
갓 피어난 모란꽃처럼 아름답던
백옥같이 빛나던 피부
탐스럽게 윤이 나던 까만 머리는
찾을 길 없고
이제는 하얗게 내린 서리

보배처럼 빛나던 눈으로

성경말씀 읽으시며
네 자매 잘 되기를
눈물로 기도하시던
이제는 그 보배 하나
완전히 빛을 잃고
딸의 시 한 편 읽기에도 버거워진

잡으려도 잡으려도
절대로 잡히지 않는
세월이란 놈 앞에선
한낱 나약한 여자였을
나의 어머니

---

* 어머니는 2년 전 녹내장 수술 후 한쪽 시력을 완전히 잃었다

아버지께
- 친정아버지 칠순을 기념하면서

가만히 냉수 한 사발
마루에 놓아두면 그대로 얼음이 되던
어린 시절 그 겨울
에덴 유치원까지 혼자 걸어가기 멀기만 했던 일곱 살
칼날 같던 바람에 여린 손등이 쩍 갈라져 피가 나던 것을 보셨던지
그날 밤, 나를 위해 사 오셨던
꽤 값나가는 빨간 캥거루 표 가죽 장갑

삼십대의 눈썹 진한 멋쟁이 그 남자는
일흔의 노신사가 되었네요
학창시절 문학을 좋아했고,
일찍 일을 마치고 오면 툇마루에 누워 읽던 세계문학전집도 색 바랬지만
그 모습 보고 자란 둘째딸은
그맘때 당신 나이만큼 엄마가 되었고, 시인이 되었네요

세월이란 강을 타고 당신의 청춘이 흘러갔지만
당신의 힘으로 일구어낸 네 딸의 가정이 있어
일흔 인생이 더 행복하시리라 믿어요
이후로도 오래도록 하루하루 빛나는 당신의 날들이 되시기를
간절한 마음으로 기도합니다.

늙은 햄스터의 죽음을 보며

 처음 이 집에 왔을 때, 귀여운 새침데기 모습으로 덩치 큰 남편을 만나고 세 차례의 출산을 거치며 열한 마리 새끼도 낳았지. 주인집 큰 아들 장난에 덩치 큰 남편은 깔려 죽고 자식들도 둘씩이나 먼저 떠나보내고 짧지 않았을 넉 달 가량을 홀로 그 우리를 지키며 외롭고 우울했을 테지. 그러다 새로 넣어준 두 마리 젊은 녀석들과 친하고 싶어 다가가고 쫓아다녀 보기도 했지만

 어느 너무도 무더웠던 여름, 주인집이 휴가를 다녀온 사이 젊은 녀석들의 공격에 얼굴이 뜯기고 다리가 물려 피도 났었지. 그래도 참 질긴 생명력이었나 봐! 먹이를 많이 탐하지 않았고 재빠른 몸 덕분에 끝까지 제 목숨 연명하다가 끝도 없을 것 같던 삼복더위 다 지나고 조석으로 시원한 바람이 불어주던 어느 아침, 마지막 숨을 쉬었네.

남편 말이, 사람을 경계하여 한 번도 받아먹지 않던 해바라기 씨 두 알을 전날 깊은 밤 받아먹었다 하지. 젊은 것들에게 치어서 그 더위에 물 옆에 있을 수도, 먹을 수도 없었는데 어젯밤엔 웬일로 가장 시원한 그곳에 별 방어도 하지 않고 그냥 누워만 있었다 하네.

하찮은 미물이었으나 태어나 마지막 명을 다하는 순간을 알고 있었던 것일까? 오늘 아침, 집 앞 약수터 호젓한 나무 아래 그 작은 몸을 묻어 주었네. 잘 가라고 하며.

외로운 수족관 속 주검

커다란 어항 속
초록 이끼들 틈새서도
홀로라도 늘 제 자리를 지키던 너

어느 아침
들여다본 어항 속
너의 모습이 보이질 않는구나
푸른 수초, 하얀 산호
다 살펴어도 보이지 않는 너

가만가만
꼼꼼히 들여다보니
바다처럼 넓었을 어항
꼭 중앙에
너의 작은 몸 하나
연회색 배를 보이고 잠들어 있구나

가끔씩 미동이라도 하던

이 어항이 이제는
누구 하나 흔들어줄 이 없어
고요하기만 하다.

---

* 아홉 마리의 열대어가 한 마리씩 죽어 나가더니 마지막 남았던 검정 열대어, 제대로 이름도 알아두지 못했는데 주검이 되었다. 아쉬운 마음으로 아침, 이 추모시를 바친다.

때론 힘들더라도……

가을 운동회 날
달리기로 또 1등 도장을 받은 예찬이
오늘은 커다란 운동장 트랙을
남편 못지않게 가뿐히 뛰었다는데
어쩌면 1학년 때,
절 괴롭히던 그 아이를 잡으려고 달렸고
또 그 아이를 피하려고 매 순간 달렸던
그 달음질이 지금 너를 만든 건지도…….

정작 그 아이 손등에 찍힌
2등 도장을 보며
어쩌면 지난 시간
그분께선 너를 강하게
연단시키신 건지도 모르겠다

훗날 바람처럼 세상 앞에 섰을 때
지난 그 시절을 예찬이도
그렇게 회상할 수 있기를
엄만 기도한단다.

제3부

우울증

마음의 빗장이 꼭꼭 채워져 버린
깊은 한숨만이 나를 벗 삼고
무슨 기쁨을 바라고 살아가고 있나?

나는 지금 너무도 심한 마음속 감기를 앓고 있나 보다.

우울증 퇴치법

불을 켠다

환하게 밝힌다

마음의 우울을 내몰고자

그리한다.

어쩜, 우리는

바람,
한 움큼 손에
쥐어본다

보드랍고
상큼한 한 줌
바람!

주먹을 아무리
세게 쥐어 봐도
바람은
그 작은 틈새로
흔적 없이 사라지고

어쩜,
우리는
그런 바람 같은 것을
잡으려고
오늘을 살고 있을까?

나이를 먹더라도

나이를 먹더라도
유안진의 『지란지교를 꿈꾸며』의 소녀처럼
그렇게 한 인생 살고 싶다

나이를 먹더라도
짧은 숏커트의 뽀글뽀글 파마머리는
되기 싫고

나이를 먹더라도
밥풀 묻은 펑퍼진 몸뻬의 주인은
되기 싫다

나이를 먹더라도
여고시절 사랑했던 윤동주를 잊지 않고
 어느 가을, 비 내리던 앙증맞은 교정의 벤치를
잊지 말고

나이를 더 먹더라도

생각은 늘 소녀의 청순함으로
사랑스럽고 순수했던 그 첫사랑 소녀로
남고 싶다.

2015, 시간지갑

일분, 일초 시간이
정말 잘도 지불된다

아직 여섯 시도 못 된 시각
밖은 벌써 흑백이 되고
이미 다 써버린
시간 지갑을 들고
후회하기 짝이 없다

불필요한 곳에
또 얼마의 시간을 지불한 것인지?
시간보다 더 과소비되는
세월이란 녀석은
얼굴엔 주름살을 그려주고
머리엔 흰머리를 달아주더니
야속타고 따져본들
물러주지도 않는 것을
너무 잘 알고 있는데

그나마 다행한 건
지불한 시간 속에
내 보물 1호, 2호가
이젠 제법 남자처럼
자랐다는 것이다.

회고담

 어떻게 살아온 것일까?
 이제는 살아갈 날보다 살아온 날들이
 더 길게만 느껴진다
 마흔 둘, 여름은 잔인한 계절로 기억되어지리라

 통통 부어오른 눈, 태어나 처음 앓아본 결막염의 괴로움과 피부에 올라왔던 결절홍반의 가려움, 급격한 시력 감퇴와 하루하루 늘어만 가는 새치와 기억력의 퇴화!

 가끔 '치매가 아닌가' 하고 겁을 내게 하는 행동들
 살아야할 날들이 무수히 남은 사랑하는 두 보물은
 어떻게 인내하며 살아갈 수 있을까?

 가을로 접어드는 이 밤, 나를 위로하려는 듯

불어주는 한줌 바람!
 그래도 늘 사랑하며 감사하며 살아가야겠지.

너와 나의 시간이 흘러간다

 나를 훔쳐보는 너는 꽉 찬 바람을 담고 있었어. 멀리 낮게 깔린 회색 차양에 가려 가끔 너는 나를 볼 수 없었지. 하지만 난 또렷이 느껴 네가 다시 나를 보고 있을 거란 걸. 점점 너는 쇠약해갈 테지. 시간에 야금야금 먹혀가는 너는 언젠간 실눈을 뜨고 날 볼 수밖에 없어. 어느 순간, 아무리 네가 나를 보고 싶어 한대도 볼 수 없는 순간은 꼭 올 거야. 하지만 잠시간의 이별이야. 그렇게 너와 나의 시간이 흘러가겠지. 또 너는 금세 욕심을 부려가며 나를 다시 훔쳐볼 테지. 아무리 두꺼운 까만 커튼에 가려도 너의 시선은 절대 날 떠나지 않아. 다시 꽉 찬 바람을 담고 날 바라볼 테지. 시간을 먹고 너는 시나브로 그렇게 차오를 테지.

과유불급過猶不及

낮 동안 열어둔
방문을 닫으니
문 뒤에 붙어 몰래 숨어있던
모기 한 마리

가만가만
때마침 읽고 있던
얇은 책자로 확 후려치니
무거운 몸
방바닥으로 한 방에
나가떨어진 모기

휴지로 꾹 눌러보니
선홍색 빨간 피가
진득하다
과유불급이라더니
"모기, 네가 너무 욕심을 부렸구나!"
오늘 죽은 것도
네 운명이겠지.

바람은

바람은
나의 모든 감각을 마비시키고
그래도
가슴은 뛴다
두근거린다

긴 가뭄의 고통 끝에
대지를 촉촉이 적시는 이 빗줄기의
달콤함과 함께
바람이 분다

바람은
이 깊은 밤
은밀한 나의 창 열린 틈새로
유혹하듯 그렇게
내 가슴을 흔는다

이 밤,
비는 더 거세지고
바람은 나의 깊은 구석구석을
그렇게 훑고는
지나간다.

초보운전

처음이라는 단어
설렘, 두근거리는 떨림
왠지 모를 두려움

엉금엉금 기어가듯
시속 40킬로미터로 달리는
내 자동차

'왕초보' 딱지 달고
80킬로미터 도로를
철판 한 장 얼굴에 붙이고
유유자적하며 간다

그래도
어제보단 오늘이
오늘보단 내일이
더 나을 것을 믿기에
조금은 가벼운 마음으로

계속 달리련다

그대들도
태곳적부터 100킬로미터
빠르진 않았을 터이니

화무십일홍花無十日紅

하얀 팝콘 터지듯 흐드러지던 벚꽃은
갑자기 찾아온 호된 빗줄기 이기지 못하고
초록색깔 얇은 속옷을 그대로 드러냈다

작은 아들 초등학교 1학년 반 모임에 갔더니
내 나이 마흔하나 이젠, 꼭 그만큼으로 보이는 건지?
집에 와 들여다본 거울 속 내 모습
스무 살 수줍은 생기는 어딜 가고
깊은 눈가 주름, 유난히 일찍 난 새치가 낯설다

여고 시절 한문 시간 배웠던 선생님의 가르침
꽃은 십일 이상 붉은 것이 없다던 '花無十日紅'이
오늘은 더 가슴에 또렷이 새겨진다

이제 난,

꽃 대신 마음 속 상록수
한 그루 키우며
살아야겠다.

지나버린 것은 아무것도 날 슬프게 할 수 없다

야금야금 생각을 옥죄고
스멀스멀 자유를 탐하는
그들, 태초 뱀의 후손에게 순순히 물러서는 일은 없다

어떤 날은 커다란 철옹성 같던 내면의 자아가
어떤 날은 존재감 없이 허물어질 모래성 같더라도
종국엔 그 어느 접점에 타협하는
그러나 그래도
지나버린 것은 아무것도 날 아프게 할 수 없다

스멀스멀 두피에 딱 붙어 야금야금 내 머릿속 진득한 피 맛을 본 그들일지언정
현재를 살지 않는 지나버린 그 어느 것도 내 자아를 쪼개어 가질 수 없다

깊은 곳, 작은 흠집 한 점 낼 수 없다.

절대로!

안개 깊은 밤

 그 긴 물줄기를 보고 또 본다. 몇날 며칠 내리던 그 물줄기의 끝자락쯤일까? 깊은 밤, 정말 한 치 앞이 보이지 않는 안개 자욱한 그런 밤에 처음 알았다. 안개도 연기처럼 바람에 이리저리 떠도는 존재였음을. 간간이 지나는 택시 지붕 연둣빛 네모 등이 안개 속에서 저렇듯 뽀얗게 파스텔 빛을 발하고, 끊이지 않고 물줄기를 내리던 하늘도 이젠 지쳐버리고 잠시 휴식중일까?
 물기 가득 머금은 솜덩이가 무겁고 자욱하게 세상을 감싼다.

청하清河

이름이 예뻐서 손이 가는 술,
맑고 투명한 잔에 더 맑고 투명한 강물을 담는다
숙고할 것도 없는 인생이라
가볍게 흘리며 쿨하게 보내리라 다짐하여도
돌아서면 잊고 마는

우리 집 냉장고에
백세 먹은 노인도
여전히 아름다울 황진이도
맑은 강물과 함께 살고 있다

강물 위에 배 띄워 시 한 수 읊어가며
잠시나마 혼란스런 머릿속을
맑은 강물로 씻어본다.

금독禁毒

찰랑거림 속의 고요
텅 비어버림 속 채움

잠들지 못함 속의 숙면과
불면의 깊은 수렁 속 각인

더 깊이 빠져드는 미지의 언어들에
중독되는 밤
하얗게 새워버린 시간들
더욱더 또렷해지는 정신의 혼탁 속
갈 수 없는
알 수 없는
잡을 수 없는
아련함 속의 너를

이제는 놓는다.

아이러니 너

구역과 구토의 밤
가득 채워진 위장 속
게워내지 못한 욕심
움켜쥔 채 놓지 못한
작은 병 속에 캔디
달콤한 유혹을 버리지 않는 한
절대로 내 입 속에 들어올 리 없는
아이러니한 너
우리가 다시 만나 뜨겁게 타오를 수 없음은
이미 알던 팩트

꽉 막힌 구덩이 속으로
자꾸만 숨 막히게 밀어 넣는 너
너를 놓을 수밖에 없는 현실과
절대로 놓을 수 없는 괴리 속에
언제나 서 있는 나

용서합니다

당신에게 고맙다는 인사를 남깁니다

누군가 그를 보고 그랬다. '요즘 연애하냐'고
얼굴이 행복해 보이나 보다
해사해 보이나 보다

내가 사랑을 하고 있나 보다
이렇게 곱씹고, 두근거리고
가끔 눈물이 나는 걸 보면

설레는 두근거림을 선물했고
빛보다 더 빛나는 미소의 주인이 되게 했고
가끔 눈물도 선물했던

누군가 그를 보고 그랬다. '요즘 실연했냐'고
얼굴이 슬퍼 보이나 보다
우울해 보이나 보다

그렇게 그와 나의 사랑이 끝인가 봅니다
행복도 웃음도 슬픔도 눈물도 다 준 것이니
많은 것을 준 당신을 용서합니다.

인생 잔고

고통이 말해주는 걸까?
인생의 잔고가 줄고 있다고

한 잔의 술로 잠시나마 날린 고통이
다음날엔 더 줄어버린 잔고를 말해주듯

얼마나 남은 것일까?
가끔 혼미함 속에 모든 것을 벗어버리고 싶을 때가 있다
눈앞에 아직 어린 새끼들을 볼 때면
그래도 이 고통이 조금은 더디기를 기도하며
바닥난 잔고를 아쉬워한다.

제4부

봄의 문턱에서

매서운 바람에도
차가운 물방울에도 아랑곳 않고
딱딱한 껍질을 뚫고 새순은 움튼다

작은 눈송이 하나에서 시작된 것이
어느덧 눈덩이가 돼버린
가리려 해도 가릴 수 없는 죄의 결박

가장 아픈 것은
거울 속 진실을 볼 수 없는
아부와 아첨에 꽁꽁 싸매어진 허울
그녀를 송두리째 수렁으로
밀어 넣고 말았구나

그러나 이제 봄은 올 것이고
누구도 되돌릴 수 없는 그 봄의 문턱에
우리는 서 있다.

봄밤

얼마 남지 않은 아카시아 계절
초록 녹음에 하얀 등잔을 달고
산 속 조용히 서 있는 나무들

바람도 잠든 깊은 밤
그저 거기 본디부터 있던
은은한 조명인 양 그렇게
다소곳이 매어달린
아카시아 하얀 꽃 송이송이

수수한 모습답지 않게
진한 향기를 지닌
꽃말 '남 몰래 바치는 순정'처럼
산 속 깊은 어디쯤에서 고요히 풍겨온
그 향기에 취해보는 이 밤,

'이제 딱 며칠뿐이리라'
그리하여

더욱 붙잡고만 싶은
그런 밤인가 보다.

또 그렇게 봄날은 간다

밭을 일구는
농부의 손끝에서 오는 봄

갑자기 날아든
반가운 새소리로 느끼는 봄

앙상한 가지 끝이
연둣빛 새 순으로 떨리는 봄

이런 봄을 마련하고서
겨울은 소리 소문 없이 갔네

창문 너머에서 불어오는 미풍美風이
"이제는 봄이야!"
내게 속삭여주더니

오늘은 그 바람이
"곧 여름이 올 거야!"

속삭이고 가네

여기저기서 분홍으로, 노랑으로, 하양으로
곱디곱게 피던 꽃들도
머잖아 소리 없이 질 거라며
아쉬운 눈빛을 보내고

때 이른 더위에
반항 한번 못하고서
봄은 어느새 그렇게 지고 있네.

여름, 외가의 추억

낡은 기와지붕엔
초록 박 넝쿨 곱게 드리워졌던
마당 한가운데엔
긴 장대 세워 빨랫줄 매달고
초록색 양철 대문엔
진갈색 나무 문패가 달렸던

버선발로 외할머니
날 반기시던
그 외가!

그해 여름 나는
몽고메리의 '빨강머리 앤'이 된 것처럼
그렇게 작은 오솔길을 걸으며
이름 모를 들꽃들을 한 아름 꺾어선
빛바랜 유리병에 꽂아두곤 했었지

엄마가 사주셨던

잔 꽃무늬 연보랏빛 원피스를 입고
하얀 피부를 뽐내며
한없이 우쭐댔던 때가 있었더랬지

세상은 온통 초록이었고
할머니 댁 지붕도, 대문도
그렇게 초록이었지.

여름, 기억의 절편

하얗게 내놓은 다리엔
여름날의 훈장처럼
모기들의 이빨 자국이 선명하고

툇마루에 엎드려
김이 모락모락 나는 노랗게 잘 익은
옥수수 알을 깨물어 뜯으며

먼발치 외양간에선
쇠여물을 쑤어서
누렁이 황소에게 먹이는
아직 장가 안 간 외삼촌

한 달에 딱 두 번
장터에 나갈 날만
손꼽아 기다리던
아직은 철이 없던 이모

이제는 모두모두
대학생 아들, 딸 둔
아버지, 어머니가 되었고

방학이면 꼭 한 번씩 내려가 보았던 뒷재 밭
비탈진 외할아버지 이른 무덤가에 피어난
이름 모를 꽃들을 기억하며

뭉클한 가슴을 부여잡는
8월의 가장 더운
한낮을 보낸다.

가을, 그 속삭임

까슬까슬한 햇살의 향기가
온몸에 가득 퍼져나서
세상이 온통 환한 빛으로 넘쳐난다

가을, 하늘은
너무 파래서 숨소리에도
푸르름이 묻어만 난다

바람은 또 무슨 향긋한 생각을 하기에
이리도 달콤할까?
무슨 마음으로 이렇게
가슴을 두근거리게 만드는 걸까

구름은 또 왜 이리 가벼워서
실바람 입김에도 금세 날아가 버릴 듯
내 맘에 떠도는 걸까

가지 끝에 구름을 달고

붉은 옷을 입은 예쁜 단풍들은
온 산을 가을로 물들여 놓고

세상은 지금
가을로 넘쳐나서
온통 가을의 축제로 한창이다.

블러드 문

태양의 그림자가
컴컴한 밤에도 가시질 않은

한낮의 뜨거웠던
그 태양의 열기가
밤하늘 저 달까지도
저렇게 붉게 데우고 만 것일까?

지금 달은
노을처럼 붉다.

가을비

길었던 햇빛의 그림자가 사라지고
갑작스레 내리는 물빛 그리움들
마음속 어디쯤에도 물방울이 맺힌다

살아가는 동안은 계속 맞이하게 될
먼 창밖, 땅과 하늘이 맞닿은 저곳

9월의 첫날
하늘은 누구를 그리워하기에
이리도 찬 서글픈 눈물을 흘리는 것일까.

잘 익은 가을

둥근 찜통 속에서
그 뜨거운 여름
태양열 받아
가을이 다 익었단다

설익어서
푸르디푸르던
세상이

장대비 맞고
뜨신 햇살 받아
점점 익어가더니

드디어
기다린 그 시간 다 지나서
왔단다! 가을이
잘 익은 가을이 왔단다.

가을 명상

하늘은 끝도 없이 깊고
구름은 색도 없이 투명한데
마음은 사념 없이 가볍기만 하기를

그믐달

서늘해져 가는 하늘에
점점 야위어 가는 빛 조각

하루하루 밤을 맞으며
더 가늘어져 갈
그 빛 조각에 검은 구름 살짝 드리우고
다시 한 줄기 바람 일더니
빛 조각 가냘픈 허리 맨살을 드러낸다

그믐을 향해 가는 시간,
빛 조각은 점점 자신을
소진시키며 무엇을 그토록
갈망하고 있을까?

서늘해져 가는 바람이
가을을 속삭여주듯
가녀린 초췌함으로
그믐을 향해 가는
저 빛 조각 하나!

사파이어

청명한 구월의 탄생석
내 약지 위에 살포시 얹혀 빛나는 너는
푸르름 짙은 구월을 닮았다

사파이어 같은 구월,
태초 내가 처음 맡았을 빛깔의 냄새가 이러했으리
시집온 새색시는 이십여 년 묵었고
너는 여전히 시집올 새색시 모양으로
푸르기만 하구나.

저녁, 버스에서

 이제 막 거두어진 태양의 그림자도 사라지고 도시엔 밤의 휘장이 내려진다. 여기저기 인공의 별들이 다채롭게 아롱거린다.

 새로 일자리를 얻은 버스 기사는 처음 야간 주행을 하는 것인지……. 버스는 또 다른 늙은 기사의 말로 움직인다. 휘청휘청 왠지 불안한 버스의 움직임에 승객들의 잡은 두 손엔 힘이 더 가해진다.

 잠시-
 한 줄기 굵은 바람에 얼굴이 젖고 긴장한 마음은 온데간데없이 어느새 꿈을 꾼다. 더운 한낮의 열기가 강할수록 더 깊고 시원한 꿈을 꾼다.

 밤이 내려 세상의 추한 모든 것은 가려지고 차창밖 도시는 아름다움으로 빛난다.
 사이-

버스는 나를 낯익은 동네로 데려다 주었다. 어느새…….

흰 눈

하늘 가득
하얗게 그리움이 내린다

누구의 그리움이었을까?
맨 처음 내리던
그 눈의 그리움은

너무 많은 감정들이
한꺼번에 몰려와서
알 수가 없다.

밤이 좋은 이유

무수히 많은 별들 중에
내가 간절히 찾는 별이 하나 있다

내가 밤을 좋아할 수밖에 없는
단 하나의 절대적 이유는
내가 찾는 별이 있음이다.

제5부

초승달

별이 쏟아질 것 같은 하늘
구름 한 점 없이 맑던 낮
그 밤,
하늘엔 어여쁜 초승달이 떴다

아직은 수줍은 소녀 같은 달
하루하루 밤을 맞으며
점점 더 통통하고 뽀얗게
영글어져 가겠지

하루는 설렘을 먹고
하루는 웃음을 먹고
그리고
또 하루는 순결한 사랑을 먹고

그렇게 영글어서
뽀얀 얼굴
너를 닮아가겠지.

바람과 닮은 너

흔들리는 나뭇잎을 보고야
나는 네가 지나간 것을 안다

아무런 색깔도, 모양도, 맛도,
냄새도 없는 너를
나는 네가 흘러가버린 뒤에야
그래도 꼭 알곤 한다

계절은 어느덧 여름을 지나 가을을 맞고 있구나
너의 숨결이 느껴지지 않았는데
언제부턴가 조금씩 네가 내 곁에 있음을 느낀다
그것이 가을이 왔음을 의미하는 것이리라

늘 그리운 나의 너!
너는 바람처럼 그렇게 내 곁을 지나쳐 갔지만
그래도 느낄 수 있어
언제나 내 곁에 있음을

그리고
언젠가는 네 곁에 엄마가 있겠지
맨 처음 네가 내 곁에 왔던
그날처럼 그렇게…….

---

* 지금은 천사가 된 나의 사랑하는 둘째 룟聖에게
2004년 9월 엄마가…….

꺼삐따노*

네, 네
사근사근 미소로 맞이한다. 항상 오케이다. 눈치도 빨라 가려운 곳은 늘 긁어준다. 더 이상 말이 필요 없다.

그런 게 아니죠.
너무도 단정적이다. 항상 미심쩍다. 가끔 삿대질에 쉬이 목청까지 높인다. 뭐 하나 더 달라고 할까봐 미리 걱정한다.

너무 일찍 세상을 터득한 모양이다. 혹 상대 밥그릇이 내 것보다 더 커질까 조마조마, 전전긍긍

을은 결코 더 빛나서도 더 잘 보이는 곳에 서도 안 된다. 처음부터 꺼삐따노가 세워놓은 갑과 을의 잣대에 인격이란 존재하지 않는다.

그녀는 아메리카노를 좋아한다. 그러나 나는

아프리카노를 시킨다.
　꺼삐따노! 영원히 그렇게 살다 가시기를.

---

* 전광용의 『꺼삐딴 리』에서 차용

왕따 아닌 전따

속닥속닥
지들끼리 재잘대는 저 소리도
그저 내겐
소음

깔깔깔
하하하
지들끼리 웃어대는 저 소리도
내 귀엔
마이동풍

소리가 스쳐간다
시간이 흘러간다
세월도 덩달아 흘러간다

이제 더 이상
너희들은 나를
외롭게 할 순 없다

일그러진 나의 모습은
그저 너희들의
착각일 뿐!

반월호수에서

밤,
호수에 띄운
산 그림자
그 위에
가로등 인위의 별
살굿빛, 백합빛으로 아롱지고

지난여름 뜨거웠던
태양만큼의 화려함으로
흐드러졌을 수국이
이제는 진 곳

호수를 둘러놓은
갈색나무 기둥엔
칸칸이 거미들이 집을 짓고

하늘,
달은 점점

그믐을 향해
기울어만 가고 있네.

해방

나는 지금 무엇을 하고 있는 걸까?
가끔 아무것도 모를 때가 있다
알 수 없는 어느 깊숙한 곳에서의 열감은
어떻게 잠재울 수 있을까?
나는 지금 무엇을 바라며 살고 있을까?
끊을 수 없는 통증과 알 수 없는 열감에 오늘도 종합감기약을 삼킨다
잠시간 통증과 열감으로부터 자유를 위해 삼킨 그 한 알이
가슴 깊은 어디쯤에서 녹지 못한 채 걸린 것일까?
가슴의 뜨거움이 가중되고
언제까지 이 통증과 열감을 친구하며 살아가야 하는 걸까?
나의 종국은 무엇일까?
궁금하다
내가 이 세상에 태어나고 살고, 또 살고, 살고
또 언제까지 이런 통증을 느끼며 살고……

하루하루 별 의미도 없이 살고, 또 살고, 살고 또 나는 무엇이 될 수 있을까?

언제쯤 아무런 통증도 열감도 없는 그 상쾌함으로 살 수 있을까?

무엇이 이 모든 것으로부터 나를 해방시킬 것인가?

잠들지 않는 밤 버스정류소

눈이 왔으면 좋을 것 같은
그런 밤,
잠이 쉬 오지 않을 것 같은
기-인 밤에

불 켜진 작은 버스정류장
젊은 남녀가 추위를 핑계 삼듯
서로를 끌어안고 그 앞을 지난다

다시 홀로 남겨진
저 외로운 벤치 하나
작은 버스정류장 낡은 전등을
조명 삼고 앉아 있다

무슨 사연이라도
꼭 있어야 할 것처럼
텅 빈 가슴이 안쓰러워
자꾸만 누군가를 기다리는 것 같아

이미 버스는
끊긴 시각,
얼마나 오래도록
새벽 첫 버스를
기다리게 될까?

순純(수粹)

세상에 빛나는 건 둘일 순純(수粹) 없나보다(없다)
햇살이 눈부셔 다른(바로) 사람(널)은 볼 수 없다
손바닥으로 햇살을 가리자 그(너)가 보인다.

신통방통

남편의 코고는 소리
"자기야, 너무 시끄러워. 코 좀 골지 마~"
애교 섞인 그 한마디
신기하게도 남편은
내가 잠들 때까지
조용하다

참 신통방통
그렇게도 깨 있을 땐
내 말을 모른 척하더니

남편은 잠만 자면
말 잘 듣는
순한 양이 된다.

불꽃놀이

찬란히 터지는
보라색 포말

연둣빛 잔물결들 일어나
까만 하늘 전체로
퍼져 나간다

까만 캔버스에
빨간 물감 쏟아지고
빨간 물감 꽃이 되고
신기해 바라본 그 꽃은
어느새 까만 머리칼 붉게 물들여놓네

오래전 그날 밤, 그곳에선
빨간 머리 곱게 빗은 소녀 하나가
연둣빛 물결 위를 날고 있었지
깊이도 끝도 알 수 없었던 그 물결 위를

펑! 펑! 팡! 팡!
봉인됐던 신비스런 옛 기억의 조각들이
각인됐던 첫 경험의 그 밤처럼
다시 한 번 활짝 피어오르고 있네.

소망

주여!
그냥 밤에 잠자리에서
꿈속으로 빠져드는 것처럼
그렇게 당신을 뵈러갈 수 있게 하소서

사랑하는 사람에게
"잘 자요! 좋은 꿈 꿔요" 들은 이 말이
이생에서 내가 들은 마지막 말 되게 하소서

삶을 사랑하며 열심히 최선을 다 하지만
미련만은 없게 하소서
버리고 가는 것엔 어떤 아쉬움도 없게 하소서

그러나 떠난 후
못내 잊지 못할 아쉬움 만드는
그런 사람이게 하소서

돈에 욕심도
명예에 욕심도
권력에 욕심도 없게 하소서
그러나
당신을 사랑하는 마음만은
누구보다 뒤지지 않는
그런 사람이게 하소서

그리하여
내일이나 모레나 언제일지 모르는 그 날에
당신께 당당할 수 있는
그런 사람이게 하소서.

모든 지나버린 것은

완벽한 인격체로 태어나지 못한
나의 여성성들이 무참하게 떠내려간다
앞으로 또 얼마나 나는 잉여인간처럼 환대받지 못하는
나의 이 여성성들과 헤어져야 하는 걸까?

시간이 간다
그리고 세월은 시간보다
한 걸음 더 빠르게 나를 지나쳐간다
언젠가는 이렇게 흘려보냈던 나의 여성성들이
한없이 그리울 그날이 올 것임을
나는 분명하게 알고 있다

갑자기
눈물이 맺힌다.

해설

| 해설

쉬운 시에 깃든, 행복한 삶에 대한 꿈

이승하(시인 · 중앙대 교수)

 재작년 2017년은 윤동주 탄생 100주년이 되는 해여서 여러 곳에서 학술대회가 열렸다. 그간 우리에게 윤동주는 '순결한 기독교 시인', '요절한 일제 강점기의 청년 시인', '일제에 희생된 기독 청년 시인' 정도로 알려져 있었지만 그 해의 주요 이슈는 윤동주가 독립운동을 적극적으로 했던 애국지사로서의 이미지를 부각시키는 것이었다. 중국에서 윤동주를 자꾸만 중국의 소수민족 중 하나인 조선족의 애국시인으로 부각시키고 있는 데 대한 반발로서 그런 주제의 학술대회가 열린 것이 아닌가

여겨진다. 근대가무극 형식의 '윤동주, 달을 쏘다'는 2013년 이래 여러 차례 장기공연을 했고 2015년에는 〈동주〉라는 영화가 개봉되었다. (전자는 공연 때마다 객석을 눈물바다로 만들었지만 영화는 고증의 오류와 중심인물이 뒤바뀌어 실패작이라는 평가가 중론이다.) 이런 일련의 윤동주 관련 행사와 공연은 교과서에서 두세 편 본 윤동주의 시가 전부였던 우리 곁으로 인간 윤동주가 성큼 다가오게 하였다.

우리가 기억하고 있어야 할 것으로 세 가지가 더 있다. 일본에 윤동주를 기리는 시비가 세 개나 서 있다는 것, 한·중·일 3국의 중학교 교과서에 윤동주의 시가 실려 있다는 것, 한·중·일 3국에 윤동주의 시비가 서 있다는 것 등이다. 윤동주를 둘러싸고 있는 그 당시의 역사적 사실이나 사후의 관심과 연구, 20대에 옥사한 불우한 처지에 대한 동정심, 일본에서의 행적과 행동 등도 무시해서는 안 될 것들이지만 시인 이은희에게 중요한 것은 「쉽게 씌어진 시」를 쓴 시인이 바로 윤동주였기 때문이다. 그래서 시집의 제일 앞머리에 놓이는 작품을 아래 시로 한 것이 아닐까.

마음이 어수선하여
시가 되지 못하고

생각이 많아서
시가 되지 못하고

내 안에 갇혀버린
시가 되지 못한 언어들이 아프다

생각이 너무 많으면
말이 되지 못하고
결국은 시도 되지 못한다.

- 「어렵게 씌어진 시」 전문

시인 자신의 시론을 전개한 시로 볼 수 있을 것이다. 어수선한 마음으로 쓴 시, 그리고 생각을 많이 하고 쓴 시는 대개 소통 불능의 난해한 시가 된다고 보았다. 또한 "내 안에 갇혀버린/ 시가 되지 못한 언어들"이 "아프다"고 했다. 윤동주의 시는 결코 어렵지 않다. 소통이 충분히 되면서도 감동을 주는 시편이다. 「詩人」이라는 시를 보자. 부제가 '「쉽게 씌어진 시」를 감상한 후'이다. 이은희 시인이 생각하는 '시인'이라는 존재는 "누구보다 슬픔을 담은 눈"을 갖고 있는 사람, "누구보다 진실한 저 눈동자"를 갖고 있는 사람이다. 늘 교복을 입고 있던 일제 식민지의 학생 시인 윤동주처럼. 시 「기도」도 이은희 시인의 시론이다.

　　나는 시인 윤동주처럼 살기 위해 다시 노력하자
　　영혼의 순수함을 좇고
　　거만하지도 교만하지도 어정쩡히 난체하지도 말며

　　순결하게 순수하게 한 줄기 바람처럼 살자
　　한 줄 시를 쓰기 위해 고민하는
　　누구도 모함하지 말고
　　그러나 지혜로워서 모함에 걸려드는 어리석음도 범하지
않는

　　그런 사람이 되게 해달라고
　　오늘도
　　간절히 빌어보자.

　　　　　　　　　　　　　　　　　　　－「기도」 부분

　이은희 시인이 윤동주를 좋아하고 존경하는 이유가 있다. '영혼의 순수함' 때문이었고 누구도 모함하지 않았기 때문이다. 그리고 시인 자신이 소망하는 것은 "지혜로워서" "모함에 걸려드는 어리석음도 범하지 않는" 윤동주처럼 되는 것이었다. 물론 윤동주는 모함에 걸려드는 어리석음을 범하지는 않았지만 사촌형 송몽규와 교토에서 동고동락하면서 지내는 것이 일본 특고경찰特高警察의 수사망에 걸려 그만 체포·구금되어 재판을 받게 된다. 송몽규는 낙양군관학교 출신으로 교토제국대학에 들어가고부터 이미 일본 경찰의 감시를 받고 있었는데 윤동주가 도쿄의 릿교立教대학을 다니다가 교토의 도시샤대학으로 편입하여 학적을 옮긴 것부터가 수상한 일이었다. 일본 경찰은 이들이 조선의 광복을 위해 모종의 모의를 하는 것으로 짐작, 미행을 계속했던 것이다.

윤동주의 시는 결코 어렵지 않으면서도 깊은 감동을 준다. 이은희 시인이 표방하고 있는 시가 바로 그런 시이다.

> 머리에 쥐날 것 같은 고통
> 그 난해함은 누구를 위한 창조물이었을까?
> 알아들을 수 없는 미지의 방언 같은 언어들이
> 쏟아진 채 뭉쳐 있는 종이들

추세가 그렇다지만
유행을 따른다지만

어찌 그들의 머릿속 언어들은 한결같은
힌트조차 없는 암호들의 나열인 걸까?

누구를 위해 그들은
시를 쓰는 걸까?

– 「난해시에 대한 소감」 전문

  제목부터가 도전적인데 본문은 더 그렇다. '그들만의 리그'인 난해한 시를 독자는 물론 이해할 수 없고, 직접 쓴 시인조차도 뜻을 알고 쓴 것일까 의심스러운 것이 있다. 그런 시를 읽을 때면 이은희 시인은 "머리에 쥐날 것 같은 고통"을 겪게 되는 모양이다. 난해시라는 것이 '추세'로서도 그렇고 '유행'도 따르지만 쓰는 사람도 그렇고 독자도 어려워하는 시는 쓰지 않겠다고 시인은 맹세하고 있다. "힌트조차 없는 암호들의 나열"이라는 표현은 난해한 시에 대한 정면비판이요 전면부정이다. 시인은 묻는다. "누구를 위해 그들은/ 시를 쓰는 걸까?" 하고. 이런 일련의 시를 보니 독자가 고개를 끄덕

이는 시를 쓰지 결코 고개를 갸웃거리게 하지 않겠다는 시인의 단호한 결심이 느껴진다. 이런 결심을 하는 이유를 아래 시에서 읽을 수 있다.

> 시인이라는 이름으로
> 얼마나 많은 허세를 부렸을까?
> 하루 한 줄 시를 쓰는 것도 아니면서
>
> 사랑이라는 이름으로
> 얼마나 많이 가슴앓이를 했던가?
> 한 자락 지친 마음도 위로하지 못하면서
>
> 시인이라는 이름으로
> 얼마나 많이 돌아볼 수 있었나?
> 세상을 바로 보고 비판할 줄 모르면서
>
> 한 줄 제대로 된 시조차 쓰지 못하면서
> 얼마나 착각 속에 살았던가?
> 나는……
>
> ─「시인이라는 이름으로」 전문

시인이란 모름지기 이런 사람이어야 한다고 생각하고 있음을 알 수 있게 하는 시다. 허세를 부리지 않는 사람, 한 자락 타인의 지친 마음을 위로할 줄 아는 사람, 세상을 바로 보고 비판할 줄 아는 사람이 시인이어야 한다는 것이다.

> 한 번도 자신의 별을 갖지 못했던 그를
> 한 번도 자신의 별에서 웃을 수 없었던 그를
> 한 순간도 자신의 별에 발 디딜 수 없던 그를
> 정말로 잊을 수가 없어서
>
> 한 번도 만난 적 없는 그를
> 한 번도 얘기해본 적 없는 그를
> 단 한 번도 나와 함께 웃어본 적 없는 그를
> 정말로, 정말로 잊을 수가 없어서
>
> ―「함께 웃을 수 있는 윤동주를 만날 때까지」 부분

이 시야말로 이은희 시인의 소망이 온축된 기도문이 아닐까. 「서시」와 「별 헤는 밤」을 읊조려 보라. 윤동주는 27년 이 세상에 머물다 갔지만 그의 시는 밤하늘의 별이 되었다. 윤동주의 시를 생각하면 시를 어렵게 쓰면 안 된다고, 그러나 감동적인 시를 써야 한다고 생각하지만 문제는 그것이 쉽지 않다는 것이다. 윤동주가 요절했기에 위대한 시인이 된

것이 아니라 뛰어난 시를 썼기에 위대한 시인이 된 것이다. 이은희 시인 자신, 서대문형무소에 다녀온 날, 이런 시를 썼다. 시인이라는 이름으로.

> 일제의 칼날에 항거했던
> 독재의 군홧발 아래 굴복하지 않았던
> 민중의 자유를 위해 피 흘렸던
> 그들이 머물렀던 초라하고 허름한
> 그곳
> 몇 백 년 만의 폭염이라던 올 여름
> 8월 광복절을 며칠 앞둔
> 이날
> 가슴에 불덩이 하나를 품고
> 다녀왔다.
>
> －「서대문형무소에서」 전문

일제 강점기 때 수많은 애국지사가 갇혀 있던 서대문형무소에서는 비명소리가 끊이지 않았다. 군사독재정권 당시에도 많은 인사가 사상범으로서 고문당하고 옥살이를 했던 곳인 서대문형무소이기에 시인은 그곳을 "가슴에 불덩이 하나를 품고" 다녀왔다고 한다. 몇 백 년 만의 폭염이라고 하여 지쳐 늘어져 있지 않고 반대로 가슴에 불덩이 하나를 품게 되었다. 이 말은 사회정의를 지향하고 양심대로 살아갈 것이라는 말과 다를 바 없다.

  이육사와 윤동주만 옥사했던 것이 아니다. 비록 시는 쓰지 않았지만 정말 많은 이들이 서대문형무소에서 죽었다. 의사義士라고 하는 명칭이 붙어 불멸의 이름을 남긴 사람도 있었지만 무명의 애국지사와 민주투사가 고문을 당했던 곳이 바로 이곳이었다. 와보고 가슴에 불덩이를 하나 품고 살아가게 되었으니 시인의 시는 얼마나 뜨거울 것인가.

> 머무르고 싶을 땐 머물렀다가
> 떠나고 싶을 땐 언제라도 떠날 수 있는
> 아마도 향이 있다면 하늘향이었을 바람
>
> 어두운 창가엔 그 바람만 자유로이 분다
> 이 밤, 맘이 서글픔은
> 그대 곁에 있지 않아서가 아니요
> 내 마음 자유롭고 싶은 까닭이다.
>
>   – 「바람향 자유를 꿈꾸며」 전문

  이 시를 바로 앞서 인용한 「서대문형무소에서」와 연관 지어 읽게 된다. "어두운 창가엔 그 바람만 자유로이 분다"란 구절 때문일 것이다. 몸은 어디엔가 얽매어 있을지라도 마음은 바람처럼 자유롭고 싶다는 소망을 담고 있다. '바람향'이나 '하늘향' 같은 조어가 재미있다. '향'은 이 시에서 어디든 풍기는 냄새 '香'일 테지만 '向'이라는 운동성으로 볼 수도 있고 '響'이라는 음악성으로 볼 수도 있겠다. 냄새든 에너지든 소리든 간에 바람처럼 빨리 가고 바람처럼 널리 퍼지는 것, 바로 바람향이요 하늘향이 아닐까. 우리 현대사에서 지워질 수 없는 비극으로 남을 세월호 사건을 다룬 시도 있다.

> 그렇게 꿈을 꿨던 열여덟 너도 있었을 테지
> 부푼 가슴으로 제주도 수학여행 길에 오르며
> 엄마, 아빠께 드린 "잘 다녀오겠습니다."
> 평범한 그 인사가 마지막 영원의 인사가 될 줄은
> 몰랐을 테지
>
> 그렇게 차갑고 깊은 바다 속에 가라앉아가면서도
> 마지막 숨을 쉬는 순간까지
> 살려줄 누군가를 기다리며
> 부모의 가슴 속에 ☆이 되어버린
> 열여덟 너희들을
> 우리가 어떻게 잊을 수 있겠니?
>
> ―「☆이 된 아이들」 후반부

300명에 달하는 아이들이 수학여행 길에 죽었다. 어른들이 전심전력 구조에 나섰더라면 분명히 살릴 수 있었다. 비극은 그 많은 아이들이 한꺼번에 죽었다는 것에 있기도 하지만 구조가 가능한 인력과 장비를 운용하지 않고 미루다가 아이들을 사지로 몰아넣었다는 데 있는데, 이은희 시인은 그 못된 어른들 중 한 사람으로서 미안해한다.

「무등산」은 시인의 고향이 광주가 아닌가, 짐작케 한다. "빛고을의 찢긴 상처"를 "별이 알고 달래려 머무는 곳"이라는 구절 또한 5·18의 상처와 그 상처에 다시금 대검을 대려는 사람들에 대한 분노를 읽을 수 있게 한다.

제1부의 말미를 장식하고 있는 시는 일종의 신앙시다. 이번 시집에서 우리가 눈여겨보아야 할 시가 바로 몇 편의 신앙시가 아닐까 한다. 시인은 기독교적인 실천의 장에서 몇 편의 시를 완성한다. "사랑하는 마음/ 온유한 마음/ 화평케 하는 마음"으로 살고자 하고, 자신이 "가진 모든 것 아낌없이 주신/ 그분"(「닮고 싶다」)의 마음을 조금이라도 닮고 싶어 한다. "그분 앞에/ 내 모습 너무 부족하기에"(「두렵고 떨려서」)의 '그분'은 하나님일까 예수님일까. 두 손 모아 기도를 드리면 내 말에 귀를 기울

여줄 것 같지만 또 한편으로는 경외감을 갖고 우러러볼 분이기도 하다.「주님 손, 바람 되어」나「울타리가 되어주소서」는 기도조의 시여서 시인의 신앙심을 알 수 있게 하지만「미역의 꿈」같은 시도 신의 역사役事를 말해주는 것이라고 볼 수 있지 않을까.「그대」도 마찬가지다. 그대를 자연으로 봐도 되고 신으로 봐도 된다. "타고"라는 동사가 거리낄 수도 있지만 강물을 타고 가는 하얀 돛단배를 '나'로 본다면 강은 결국 바다로 가고, 우리는 모두 일엽편주에 지나지 않는다.

 제2부에는 한 남자의 아내요 두 아이의 어머니로서의 삶을 다룬 잔잔한 일상성의 시가 모여 있다. 시가 전반적으로 아주 쉽고, 소박하다. 이 시의 이 표현이 무슨 뜻일까 머리를 썩일 이유가 없다. 읽으면 바로 이해되는 시다. 어찌 보면 평이한 시라고 할 수 있지만 이은희 시인은 난삽한 기교의 시보다 진정성을 담아낸 시, 자신에게도 독자에게도 부끄럽지 않은 시를 쓰고 싶어 한다.

 시인은 자신의 보물 1호와 2호가 아들이라고 당당하게 말한다. 또한 남편을 사랑한다고 너무나도 분명하게 말한다. 남편과 아이와 본인이 이룩한 이 공간은 천국이다. 사실 가족 중 아픈 사람이 없이 각자 평범한 일상을 영위해 나간다면 그보다 행복한 일이 어디 있겠는가. 우리는 불행하지 않은 것이 행복임을 잘 모르고 사는데, 바로 그 점을 강조해서 이야기하고 있다. 「나의 어머니」와 「아버지께」는 가슴 뭉클한 감동을 준다. 어머니는 한쪽 시력을 완전히 잃어 "딸의 시 한 편 읽기에도 버거워진" 상태가 되고 말았다. 그래도 등단 13년 만에 펴내는 이 시집을 보고 얼마나 기뻐하실 것인가. 친정아버지의 칠순을 기념하며 쓴 「아버지께」에는 네 딸을 잘 키운 아버지의 생애가 잔잔히 전개된다. 특히 세계문학전집을 읽던 문학도 아버지에게 고마워하는 마음이 잘 그려져 있다.

제3부는 일종의 내면일기가 아닌가 한다. 행복한 가정을 이루어 남부럽지 않게 살아간다고 생각했는데 우울증을 앓고 있다?

> 마음의 빗장이 꼭꼭 채워져 버린
> 깊은 한숨만이 나를 벗 삼고
> 무슨 기쁨을 바라고 살아가고 있나?
>
> 나는 지금 너무도 심한 마음속 감기를 앓고 있나 보다.
>
> —「우울증」 전문

남들이 보면 마냥 행복할 것 같지만, 마음속 갈망이 있기에 때로는 우울증이 엄습하기도 하나 보다. "불을 켠다// 환하게 밝힌다// 마음의 우울을 내몰고자// 그리한다."(「우울증 퇴치법」)고 하므로 우울증이 엄살이 아니다. 때로는 "맑고 투명한 잔에 더 맑고 투명한 강물을 담"(「청하」)그기도 하고, "나이를 먹더라도/ 밥풀 묻은 펑퍼진 몸뻬의 주인은/ 되기 싫다"(「나이를 먹더라도」)고 외치기도 한다. 여성으로서의 자기 정체성을 확인하고 싶어 하는 이유가 있다. 젊음이 가고 있다. 시간의 질주를 누가 막는단 말인가.

> 여고 시절 한문 시간 배웠던 선생님의 가르침
> 꽃은 십일 이상 붉은 것이 없다던 '花無十日紅'이
> 오늘은 더 가슴에 또렷이 새겨진다
>
> 이제 난,
> 꽃 대신 마음속 상록수
> 한 그루 키우며
> 살아야겠다.
>
> —「화무십일홍」후반부

30대부터 인간 육신의 노화는 멈춰지지 않는다. 성형수술도 임시방편일 뿐, 늙고 병들고 죽는 것을 거부할 수 있는 사람은 없다. 우리는 엘리자베스 테일러의 늙은 모습은 기억하지만 마릴린 먼로의 늙은 모습은 모른다. 그렇다고 요절이 좋고 장수가 나쁘다고 누가 말할 것인가. 문제는 열흘 못 가 시드는 꽃보다는 마음속에 한 그루 나무를 키우며 살아야겠다는 각오가 중요한 것이다. 제3부의 시 중에는 이렇듯 자기 내면의 아름다움을 가꾸며 살겠다는 결심을 피력한 시편이 간혹 보인다. 모기 한 마리를 통해 욕심을 부리지 말아야겠다고 결심하기도 하고(「과유불급」). 또한 생명체의 죽음을 가슴 아파하기도 한다. 「외로운 수족관 속 주검」이나 「늙은 햄스터의 죽음을 보며」 같은 시가 바로 시인의 측은지심의 산물이다.

제4부에는 계절의 변화를 다룬 시편이 모여 있다. 서정시이면서 일종의 서경시敍景詩라고 할 수 있을 것이다. 이런 시편도 따로 설명하지 않아도 읽으면 바로 이해될 만큼 쉽다.

이상 65편의 시를 읽었다. 시가 쉽다는 것은 분명히 미덕이다. 그러나 좋은 시란 어떤 시인가라는 질문에 대한 답은 좀 달라진다. 시가 쉬우면서도 내포가 깊은 시가 좋은 시다. 의미의 단일성보다 다양성이 좋은 시의 조건이 되는 것은 그런 이유에서이다. 겉으로는 평온해 보일지라도 하루하루를 갈등 속에서 살아가는 게 시인의 내면 풍경이 아니겠는가. '무조건 쉽게 써야 한다'는 명제만 염두에 둘 게 아니라 자신의 내면을 솔직하게 대면하길 바란다. 누구나 쓸 수 있는 일상어의 나열을 과감하게 지우고 표현의 신선도에도 신경을 썼으면 한다. 시란 결국 언어의 연금술이다. 남이 가지 않은 길을 가야지만 인식의 새로운 대륙을 '발견'하고, 나만의 '발명품'을 만들어낼 수 있을 것이다. 등단 13년 만에 내는 첫 시집이라고 하니 등단 초기의 작품도 실려 있을 것이다. 이제 해묵은 작품들을 다 떠나보내게 되었으니 성찰의 마음을 다시 다지면서 새로운 작품을 향해 항해의 돛을 올리기 바란다.